AF267753

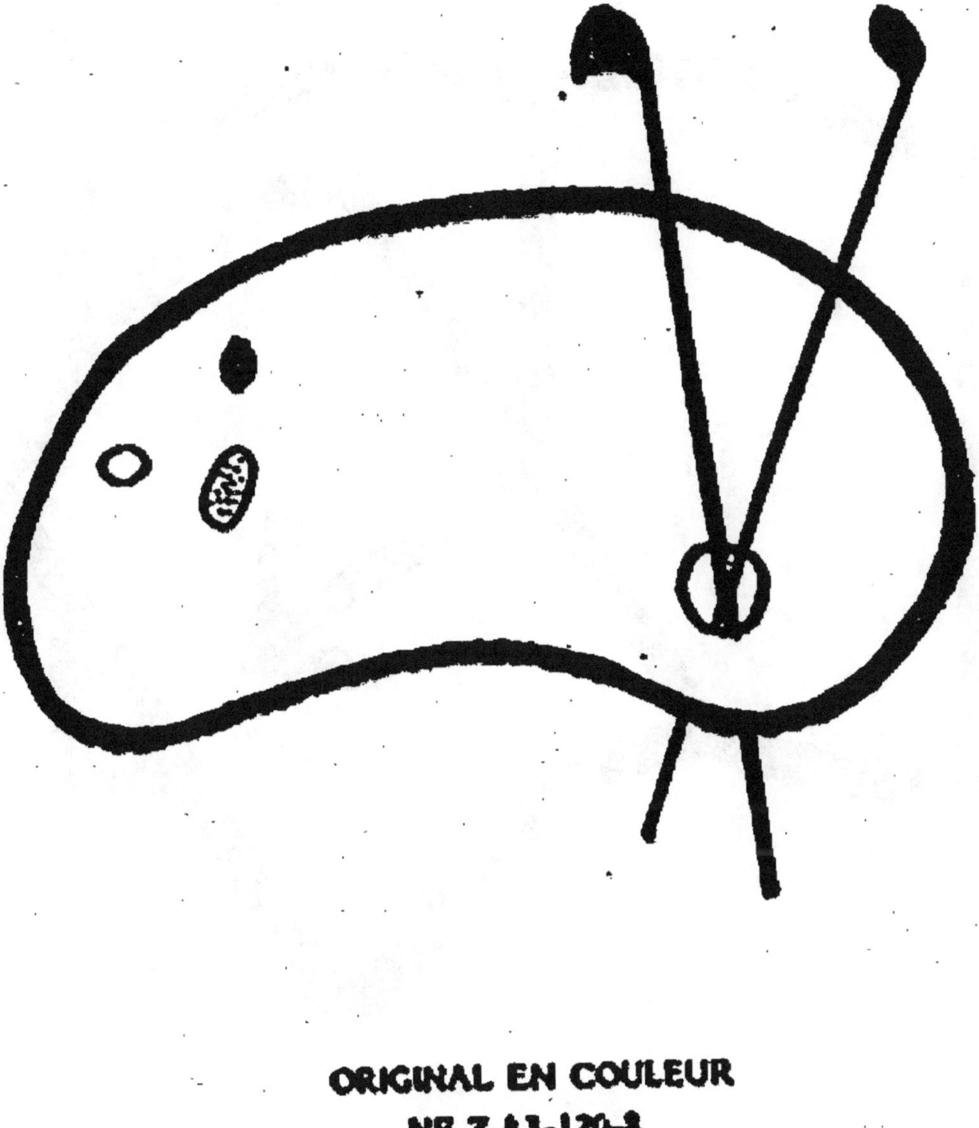

ORIGINAL EN COULEUR

NF Z 43-120-8

Couverture inférieure manquante

Ewan GWESNOU

Aveit er Vretoned.

DÉPOT LÉGAL
Côtes du Nord
82
912

ANTÉE

Les Bretons & le Socialisme

Ni hun unan.   Dihunet out brema, na Breiz !

o fr. 30

GUINGAMP

IMPRIMERIE TOULLEC ET GEFFROY, PLACE DU CENTRE

1912

L. K.
678

ANTÉE

Yo 1 Lk²
5678

Ewan GWESNOU

Aveit er Vretoned.

ANTÉE

Les Bretons & le Socialisme

Ni hun unan.   Dihunet out brema, ma Breiz!

GUINGAMP

IMPRIMERIE TOULLEC ET GEFFROY, PLACE DU CENTRE

1912

A la mémoire vénérée du grand historien

ARTHUR DE LA BORDERIE

Père des Bretons

Nen dé ket a larerion, mès a Hobérerion
   hun es dobèr;
— a Vrezélerion neùé, hag ar Sent èl
   guéharal.

E. G.

*Ces articles, titres modifiés, ont été publiés au
Rappel du Morbihan, dans les numéros du 1er de
chaque mois, depuis le 1er Janvier de l'année cou-
rante. Nos vifs remercîments à l'Administration et
la Rédaction de ce vaillant organe pour leur hospi-
talité courageuse.*

TABLE

I

Antipatriotisme

Un homme s'est levé du milieu d'un peuple, et il a dénoncé les patries comme des marâtres. Cet homme est un Breton, et la patrie qu'il a d'abord maudite est la France.

Né de pauvres gens, aux bords les plus lointains de la mer occidentale, ses premiers regards rencontrèrent des hommes et des femmes au parler rude, aux yeux pâles comme le ciel, ou ardents comme le soleil. Ils peinaient aux usines malsaines, dans des champs arides, dans des huttes misérables, dans des ports hantés des tempêtes. Ils peinaient pour des salaires de famine. Il vit des rues étroites, populeuses et nauséabondes, des bâtisses noires, des landes désertes et des flots indomptés... Oh ! les dimanches soir d'hiver, les nuits de paie, ou de débarquement d'escadre ! Cris de forbans, pleurs de petits gâs, malédictions de paysannes, femmes de matelots ou de manœuvres. Le feu, le sang ! Rixes de soudards, d'ivrognes ; vacarmes d'accordéons dans les tavernes, gémissements horribles de binious dans les rafales de vent...

Il dut apprendre dans des livres. Et ces livres ne lui apprirent *rien*. Un peuple qui avait été grand entre tous les peuples, un peuple héroïque s'il en est ; ce peuple dont il sortait, l'histoire ne lui en parlait pas. Ce peuple, qui lui avait donné son père, sa mère, ce peuple qu'il coudoyait tous les jours depuis son enfance, parle une langue antique, que les druides chantaient des siècles avant Christ, langue formidable et suave, langue des vierges saintes des cantiques, langue des conquérants des mers. Les livres qu'il lisait n'en disaient rien. Dans les « grandes Écoles », cependant, il entendit des jeunes gens instruits. Ils déclaraient stupide, ce qu'ils ne comprenaient pas : ils ricanaient, à propos de son peuple, comme d'un peuple vaincu, d'un pays conquis ; et il se vit raillé soi-même, *parce que Breton...*

Pauvre Hervé ! qu'ont-ils donc fait de ta Patrie ? Et que sais-tu d'elle ? Cela : ce que tes yeux d'enfant ont vu ; ce que tes oreilles d'enfant ont entendu ; ce que ton cœur adorable d'enfant a souffert de voir et d'entendre ; paysans misérables : « bêtes de somme à face humaine » ; ouvriers rauques ; rixes d'ivrognes ; pleurs et malédictions des femmes dans la nuit ; landes sauvages ; flots vides ; tempêtes, et les binious d'*An hini goz* :

« Les pommes de terre pour les cochons

« Les épluchures pour les Bretons !... »

Pauvre Breton, où est ta Bretagne ? « Sans-Patrie ! » sous les pierres sépulcrales où ils ten-

tent en vain d'étouffer ta voix, qu'est-ce que la France pour toi ? — Va ! tu es ce qu'elle a de plus pur : sa conscience.

II

La Langue bretonne

La propagande socialiste rencontre dans notre Bretagne des obstacles d'une espèce particulière qu'on ne surmontera pas d'un élan aveugle. Nos forces s'y briseraient, et l'instauration d'une ère de justice en serait retardée d'autant.

Nous, Bretons, nous avons gardé conscience de notre Passé. Nul de nous, même le plus humble de nos garçons de ferme, n'ignore que son pays à lui est et fut toujours *distinct* ; qu'il appartient à une *Nation* qui s'est suffi des siècles à elle-même. Sans qu'on lui ait enseigné l'histoire de son pays (le dieu des armées en garde nos maîtres !) le dernier de nos garçons de ferme *sait* (obscurément), mais il *sait* d'intuition, que la fortune du nom français est due pour une grande part, à l'abnégation constante, à l'héroïsme des hommes de sa race.

Nos ennemis, agissant en vertu d'un machiavé-
lisme d'ailleurs peut-être plus instinctif que réflé-
chi, ont mis à profit les malentendus qui peuvent
naître de l'usage de langues diverses dans une
même contrée, et de ceux qui subsistent parmi
nous des suites des anciennes luttes fratricides.
Ils sentent que les calomnies dont ils se plaisent
à défigurer nos idées, si elles étaient colportées
dans nos villes et nos villages *uniquement par
des gens de langue française*, trouvant en face
d'elles pour les combattre des *Bretons bretonnants*,
nos ouvriers ni nos paysans n'y ajouteraient pas
la moindre foi. Le Breton reconnaît son ami à ce
signe que son ami parle sa langue.

Alors nos machiavels déclarent de tous côtés
que la langue des Bas-Bretons est celle de la
barbarie, de l'obscurantisme, c'est-à-dire de l'E-
glise et de la Réaction. Et ils le prouvent depuis
toujours, tous les jours, dans leurs journaux,
livres, conférences, jusque dans les écoles et dans
leurs conversations privées.

Qu'en résulte-t-il ? Que nous-mêmes, socialistes, esprits libres et éclairés, nous respirons
cette odieuse ineptie comme l'air de la mer et des
bois. Et nous partons en guerre contre la langue
des nôtres et nous lui vouons une haine mortelle.

Alors vient le Prêtre (âme simple, dont le
royaume n'est pas de ce monde et qui trop souvent s'y égare), qui parle *breton* aux Bretons, et
qui *en breton* répand parmi le peuple breton,

comme une pieuse vérité, que le Socialisme est une engeance du Diable, que les socialistes veulent voler aux pauvres laboureurs leurs pauvres champs pour y faire paitre les ânes d'Allemagne et les cochons d'Angleterre ; que les socialistes leur arracheront la langue et planteront leur dieu dans le fumier.

Quoi de surprenant si nos Bretons sentent alors gronder dans leur cœur leur passion formidable pour le passé, où leurs pères, des siècles durant, ont versé leur sang pour garder leur sol de granit et de chênes des soudards étrangers (anglais ou français) et s'y raccrochent désespérément comme au Roc suprême de salut pour eux ?

Une langue qui soit d'un parti ! Une langue qui soit réactionnaire ! Comme si une langue, surtout une langue qui nous vient d'un passé aussi loin de toutes nos misérables querelles présentes, d'un passé ou l'âme était libre et farouche comme celle des fauves, pouvait être rien d'autre que l'expression du libre farouche fauve humain !

Si nous voulons vaincre en Bretagne, Bretons socialistes, parlons à nos frères rustiques leur langue, leur belle vieille langue libre et barbare, la nôtre. Allons, chacun de nous, causer avec eux dans notre langue en leurs fermes éparses, et disons-leur bien que c'est par nous les « sans patrie » qu'un jour leur langue s'affranchira vraiment de toute la lèpre obscurantiste, et que c'est par nous encore qu'ils reconquerront sur les oppresseurs du présent — bretons hélas ! ou français, — comme ils n'ont pu le faire sur les oppresseurs du passé, qu'ils reconquerront cette vieille terre de Bretagne qui leur appartient à eux, paysans, de par les innombrables batailles qu'ils y ont livrées depuis quinze siècles contre les hommes et contre la nature ennemie.

> Kemèr te zoar,
> Labourer-doar,
> Té e bieu !

III

L'Ame du Pays

L'usage de la langue bretonne dans la propagande révolutionnaire doit se répandre en Bretagne d'autant plus qu'elle est, cette langue, la bonne vieille clef d'or, la clef magique qui, seule, nous ouvre les chaumières et les cœurs.

C'est un autre obstacle aux socialistes, assez spécial à la Bretagne, que la dispersion, l'éparpillement presque à l'infini de ses habitants. Nul peuple ne vécut jamais moins en troupeau. Il vit

— comme il a fait la guerre, sa guerre de Géants,
— en *ordre dispersé*, en *tirailleurs*, derrière ses
talus, ses rochers, dans ses chemins creux, ses
landes, ses dunes, en mer ! Race étrange, que la
destinée n'a cessé de traquer, et dont l'inlassable
obstination à vivre se vengera tôt ou tard de la
destinée par un éclatant triomphe.

Nous devons faire face à cet obstacle d'autant
plus résolument que, en Bretagne, c'est la Terre
qui garde tous les trésors : les trois quarts des
Bas-Bretons — un million d'âmes — sont des
laboureurs, des *paysans*. Or c'est la femme qui
veille à la ferme, gardienne du foyer, de la
langue, de la foi ancienne. La propagande socialiste qui n'atteint que les ouvriers de nos villes
et néglige d'aller au paysan, et *surtout à la
paysanne*, se voue d'avance à un échec presque
absolu. Le prêtre s'asseoit à chaque foyer. Il
s'entretient avec la femme dans la langue du
pays. Il est l'homme de Dieu, du baptême, du
mariage, de la mort. Il est aussi, dans ces
hameaux reculés, l'homme du savoir, le *clerc*,
en toutes affaires terrestres. Il est l'unique Ami,
dans ces solitudes.

Si le Socialisme est autre chose pour nous
qu'une pure doctrine économique, s'il est ce qu'il
doit être : une *poussée du cœur*, une volonté de
justice, il doit aller à ces simples, frapper aux
portes des fermes, s'asseoir sur les bancs-clos,
devenir à son tour l'ami, la confiance et l'espoir

de nos paysannes. Qu'il soit enseigné par elles aux gâs et aux filles en sabots, qu'il ne se distingue du parler breton pas plus que le catholicisme ne s'en est distingué jusqu'ici ; et devienne leur religion.

Il faut que le Socialisme et la langue bretonne ne fassent en Bretagne qu'un corps et qu'une âme. Leur sort est lié, et celui de la race. Le Socialisme ne vaincra que s'il se propage par la langue du pays, et elle aura par lui un avenir plus glorieux qu'elle eut jamais. Si le Socialisme l'emporte par la *voie française*, il ne s'établira en Bretagne que par la méthode jacobine, *autoritaire*, et ne trouvera pas racine en ces âmes indomptables qui ne reçurent le catholicisme même qu'en le façonnant à leur farouche image.

Mais trop nombreux sont les ouvriers qui, à peine déguisés d'un bourgeron, portant encore le *tok*, font preuve, en ces questions, d'une mentalité *bourgeoise*. Ils manifestent pour leur langue un mépris de *civilisés* ; et causant français « comme des vaches espagnoles » ils oublient d'un jour à l'autre le parler des leurs. Imbéciles ! s'ils employaient à servir la cause socialiste, dont ils croient ainsi bien mériter, la langue qui leur est familière au lieu de la dénigrer, cette cause sacrée, loin d'être ce qu'elle est trop souvent, un levain de haines dans nos familles de laboureurs et de marins, deviendrait vite la cause chérie de tous, lien nouveau d'affections, source d'espérances communes et d'énergies incalculables.

Que les ouvriers, les matelots qui rentrent à la ferme, racontent *en breton*, à la veillée, à leurs compagnes, leurs promises, leurs sœurs, la bonne nouvelle qu'ils ont entendue ; que des camarades traduisent en breton et diffusent dans les villages, par des causeries, par des milliers d'imprimés, les paroles émancipatrices des Reclus, Ibsen, Tolstoï, Proudhon, Renan, Kropotkine, etc. Ils ne se doutent pas de l'ardente sympathie qui les attend ! Car on les attend, ces messagers d'une ère de justice, avec la passion d'une race qui, avec celle des Juifs, fut la plus amoureuse de vie, et la plus flagellée de toutes iniquités. Ces messagers eux-mêmes, — hier encore paysans lourds et stupides de résignation romaine — qu'ils aient été été, ouvriers aujourd'hui, comme d'un éclair transfigurés par le verbe révolutionnaire, n'en sont-ils pas la meilleure preuve ?

L' « esprit rétrograde » des Bretons est une de ces âneries solennelles qu'aiment à célébrer dans des relents d'absinthe nos bons bourgeois « parisiens de Landerneau ». Les annales du peuple breton témoignent bien au contraire que c'est dans le sein même de ce peuple que *d'abord* ont tressailli les grandes idées qui, de l'émancipation des serfs à la Révolution française, aujourd'hui encore entraînent le monde. De l'insulaire Pélage (en breton Morgan), ou d'Abélard, par Descartes (issu de Rennais), à Châteaubriand, à Lamennais, et au bas-breton Renan, quels géants ont revendiqué plus fièrement que ceux-ci, contre toutes les formes de la tyrannie, les droits de la conscience individuelle, de l'amour humain, du peuple et de vie, sinon la foule des héros obscurs dont ils émanent ? Peuple-protagoniste, peuple-chevalier de toutes les nobles causes, le peuple breton est voué de naissance à la Révolution qui vient : il la veut, il la prépare depuis des siècles... et la Troisième République ferme déjà ses prisons sur ses énergies les plus généreuses.

IV

Foi

Les Bretons attendent et souhaitent la Révolution Sociale comme l'amant attend et souhaite sa fiancée. Elle n'aura pas les ciseaux de Dalila, et les longs cheveux de Samson, ceux des celtes d'Armor, repousseront. Cette République III qui centralise, uniformise, nivèle, emprisonne, expatrie, fusille, parjure et ripaille, cette République III n'aura qu'un temps. Avec la Révolution Sociale viendra la vie libre, féconde et équitable à tous.

Loin de craindre le Socialisme, que les catholiques bretons saluent son approche : il n'abolira pas la Loi et les prophètes, il les accomplira. C'est par le Socialisme que seront purifiées deux sources du génie breton : l'idiome celtique et la foi chrétienne, souillées par des siècles d'oppression latine : cléricale-romaine ou bourgeoise-française.

S'il est vrai de dire, en effet, que la foi des Bretons est la plus ardente de la chrétienté, rien n'est plus faux que de penser qu'elle est la plus *romaine*. Rome a toujours tremblé d'une maternelle crainte pour le salut de sa fille armoricaine, et qu'elle ne lui échappe. Elle sait des secrets de famille dont elle fait un saint mystère, même et surtout par devant les Bretons ; Rome, comme Paris, leur ayant confisqué leur histoire.

Perpétuellement l'Eglise bretonne cotoya l'hérésie et le schisme, ou même vécut en révolte ouverte contre Rome, dans la personne de ses vieux saints, de ses moines scolastiques, de ses prélats les plus fougueux comme de ses plus humbles fidèles anonymes. Au iv* siècle, les disciples de St-Martin, de Tours, ne peuvent sans danger pour eux-mêmes ou pour le Christ, toucher aux croyances païennes bretonnes, et ils doivent se contenter de faire le signe de la croix (de *signer*, de mettre leur parafe) sur leurs divinités païennes ; elles peuplent encore nos prés, nos bois, nos rochers et nos cœurs. Du ixe au xiie siècle, durant plus de trois siècles, la métropole de Dol — c'est-à-dire la métropole bretonne — tient tête à tous les papes qui la veulent rattacher à Tours, quand ses propres évêques la veulent *indépendante.* Du xiie au xive siècle, ducs de Bretagne, nobles et « peuple du duché » livrent au Saint-Siège une lutte sans merci contre les taxes cléricales (tierçage et past nuptial), et la lutte s'achève par leur victoire. Au xvie siècle le duc de Montpensier, gouverneur, veut renouveler en Bretagne le massacre de la St-Barthélemy : les catholiques bretons refusent ; ils n'assassinent pas leurs frères protestants. Au xviiie (1) siècle les Cahiers *bretons* des Etats-Généraux sont en grand nombre rédigés ou inspirés par des recteurs ou vicaires de campagne, défenseurs de la cause populaire. Et quand enfin les Chouans se soulèvent, entendent-ils être pour Rome contre Paris ? Rome, par le Roy et l'Anglais, soudoie les Chouans et les Chouans la servent en la circonstance ; mais n'est-ce pas que Rome leur est, en la circonstance moins tyrannique et haïssable, après tout que les cent mille jacobins que Paris soudoie contre eux ? Le dernier de ces pauvres

____

(1) En 1762, les Etats de Bretagne décrètent la dissolution des *Jésuites.*

Blancs est, ou croit être, tout autant un héros de la Liberté que le dernier de ces pauvres *Bleus* qui le pourchassent.

La religion bretonne est tout « intérieure » et nullement cléricale en son essence. Le prêtre est l'ami, *pourvu qu'il ne tente pas d'être le maître.* Les catholiques bretons — à moins qu'ils ne s'excluent eux-mêmes — s'assiéront à la Table-Ronde du banquet humain que nos ancêtres communs païens-chrétiens, ont *les premiers* dressée sur le monde. La foi nouvelle est fille de la « foi des anciens jours ».

Le christ breton n'est pas ce jésus de décomposition latine, blême, fardé, joaillé, qui pleurniche dans les sacristies, comme un pleutre ou comme un hypocrite. C'est Jésus-Faune, amant de la Nature et de la Beauté ; ses saints, dit Renan « sont plus druides que chrétiens ». Rustique et barbare, dieu de laboureurs et de matelots, il chante à pleine gorge par les landes et par la mer grande. Dieu des étables, des bêtes, des moissons, du cidre et de toutes les ivresses de la terre ; dieu fou aussi, dieu de tempête, de colère et de sang, — nul dieu n'est plus tendre, plus doux, plus pur, au cœur de nos vierges et de nos héros, reines et conquérants de ciel. Dieu d'aventure et de vaillance, de justice et de liberté, avide d'amours et d'exploits fabuleux, il émerveille tous les artistes du monde ; et la Mort est pour lui l'Aventure suprême.

Tel est le vrai dieu breton ; tel il s'exprime dans l'antique et beau, et libre langage celtique. Ce dieu-là, les socialistes le saluent comme un père, et le jour vient où tous les Bretons, catholiques et libres-penseurs, reconnaîtront le Socialisme comme son fils, et le recevront comme leur Sauveur.

V

Patriotisme

Si la Foi bretonne est illustre dans le monde entier, le patriotisme breton ne l'est pas moins. « *Aveit Doué hag er Vro* », pour Dieu et pour la Patrie, est la devise des ancêtres. Est-il concevable alors que les Bretons reçoivent jamais comme un sauveur le Socialisme qui se présente à eux comme internationaliste et *antipatriote* ?

L'histoire officielle sait et enseigne que partout et de tout temps, les Bretons ont fait litière de leurs corps aux victoires et aux défaites françaises ; en 70, à Champigny, à Montretout ; sous le 1er Empire, à Waterloo, à Hohenlinden ; sous

la 1re République, à Valmy et par tous les champs
de bataille de la Liberté, sur terre et sur mer.
Au XVIIIe siècle, leurs Explorateurs et leurs
Corsaires ont ensemencé de fleurs de lys tous
les jardins du monde ; et aux temps jadis, les
étendards d'hermine de nos grands connétables,
aux mains de nos Gallos, Vannetais, Cornouaillais, Léonais et Trégorrois, ont abrité mille fois
les bannières de France, Le fond des mers,
autant que la surface de la terre, est rouge du
sang des Bretons qui sont morts pour la France.

Mais l'amour de la patrie française n'est pas au
cœur des Bretons la folie mystique du sacrifice.
Il est l'amour sacré du droit, de la justice et de la
liberté, et quand le malheur voulut que la France
ou ses gouvernements marchassent dans la voie
de l'iniquité et de la tyrannie, alors, en tout
temps, en tous lieux, comme un seul homme,
contre les maîtres de la France se dressa le
peuple de Bretagne. L'histoire officielle ignore-
t-elle ces choses, ou pourquoi omet-elle de les
enseigner ?

Quand le Carolingien veut extorquer aux
Bretons un tribut inique, il trouve devant lui le
vieux lion Morvan, dans sa tanière de l'Ellé : « Je
n'habite point la terre des Francs, je ne veux pas
subir sa loi ! » lui jette-t-il en défi, « Vienne la
guerre, je ne la crains pas ! »

Quand Charles V de France s'avise de porter
la main sur la liberté du Duché de Bretagne,

tous les Bretons rappellent Jean IV, d'Angleterre, et jusque dans les flots, à Dinard, ils marchent à la rencontre de son navire, clamant : « Voudraient-ils savoir, ces Français, si les Bretons sont manchots ? »

Quand, poursuivant les desseins de Louis XI, la Régente de France met le siège devant Nantes, ce ne sont pas les seigneurs bretons, achetés par elle et traîtres à leur pays, c'est 60.000 paysans de Basse-Bretagne, armés de pics et de faux, qui accourent délivrer la ville et sauver la Patrie. Contre de Chaulnes, le gros cochon, pendeur de Bretagne au service de Louis XIV, frappeur de taxes accablantes, c'est 10.000 paysans de Basse-Bretagne, qui lui tiennent tête et, seuls gardent intact l'honneur de la Province. Contre Louis XV et son *baillage d'Aiguillon*, édictant de nouveaux impôts, les *Dames de la Halle*, à Rennes, couvrent de fleurs d'oranger La Chalotais et le Parlement de Bretagne, lacérant les affiches royales, et démissionnaires.

Le premier signal de la première *guerre sociale*, dont le nom est Révolution française, est donné par le Parlement de Bretagne, avec le petit peuple de Rennes, et 400 Nantais, autour du morlaisien Moreau (le seul homme, avec le malouin Chateaubriand, qui fera trembler l'Empereur). Et ce sont d'humbles gens des pays de Lannion, Quimper, Pontivy, qui les premiers prêtent serment à la Nation nouvelle et la fondent, en quelque sorte, dans leur Fédération, la première de France.

Terrassiers de la Seine (les 3/4 d'entre vous sont bas-bretons), et vous, syndicalistes de Lorient et de Brest, reconnaissez-vous vos aînés dans ceux-ci ? Coupable l'histoire qui, sur de tels faits, ne répand pas la lumière la plus éclatante. Car, autant que les premiers, ils sont à la gloire des Bretons. Ils sont notre passé révolutionnaire ; ils ont porté jusqu'à nous, Bretons sans terre, ouvriers sans outils, cet instinct révolutionnaire qui est notre héritage unique, mais combien précieux !

Et maintenant, volontaires bretons de 93, dites si c'est pour qu'aujourd'hui, plus d'un siècle après votre glorieux martyre, il soit interdit à vos enfants de parler votre langue, que vous avez versé votre sang pour la conquête des Droits de l'Homme ? Pour que nos " agents du Fisc ", fonctionnaires ; bourgeois (français ou bretons) ; traitent les braves gens de nos campagnes, vos fils, comme des brutes ; et que des écrivains de Paris puissent encore parler d'eux comme d'" animaux farouches... à face humaine... attachés à la terre qu'ils fouillent et qui méritent ainsi de ne pas manquer de ce pain qu'ils ont semé " ? Pour que des milliers de Bretons, payés de 20 à 30 sous par jour aujourd'hui s'expatrient et aillent mendier leur vie à l'étranger ? Oh ! Volontaires bretons de 93 !

La parole de K. Marx : " les prolétaires n'ont pas de patrie ", n'est pas un dogme. C'est l'expression d'un fait qui crève les yeux, comme : les pauvres n'ont pas de pain. L'internationale des Travailleurs est cette alliance des *peuples-frères*, pour quoi moururent nos aînés, et *notre lutte de classe est leur guerre aux tyrans*. Qu'importe les mots ! Eux aussi sont la *chose* d'infâmes spéculateurs. Les faux-monnayeurs de la presse et de la politique jouent, avec eux, notre vie et la destinée de l'homme. Leurs palais et leurs basiliques, à *la gloire de Dieu et de la Patrie*, ne sont que des cavernes de voleurs ou des cirques de saltimbanques. C'est dehors, sur la terre nue, sur la *terre battue* de nos chaumières, que le vrai peuple campe, et qu'avec lui veille la vraie patrie et les vrais dieux. Le socialisme restituera aux mains du peuple le bien du peuple : sa terre et ses instruments de travail, et les Bretons patriotes accourront à lui, vrai libérateur de la patrie. Car la patrie bretonne n'est pas toute dans le passé ; elle n'est pas le culte exclusif des morts. La vraie Bretagne va naître ; elle est celle de demain ; elle est, du fond des vieux siècles armoricains, l'immense cri d'espérance de tous les cœurs bretons, leur incessant appel à la justice et à la liberté.

" *Torr é ben* " ! encore un coup, prolétaire de Basse-Bretagne ; " *Aveit Doué hag er Vro* ". Avec tes frères gallos, français, anglais, allemands, socialistes *athées et antipatriotes*, hardi ! contre

les seigneurs félons, les barons de la Finance,
bardés d'or et d'acier. En vérité, Dieu et la Patrie
sont avec toi !

VI

Individualisme

Fraternisant avec les prolétaires des autres nations, les prolétaires de Bretagne apprendront à
fraterniser entre eux. L'individualisme caracté-
rise la race. On le retrouve aussi exclusif, des-
tructeur ou fécond, en Ecosse, en Irlande, en
Galles. Un individualisme, morne, inconscient,
animal, a fait des prolétaires celtes et bretons, ce
qu'ils sont aujourd'hui : les parias du monde. C'est
la gangue grossière où éclora cet individualisme
éclairé, noble, humain et surhumain, qui travaille,
à cette heure, les Celtes d'Ecosse, d'Irlande et de
Galles, et qui va demain s'emparer des Bretons.

Tels ils sont venus d'au-delà de la mer, il y a 15
siècles, presque un à un, essaimer dans les havres
de la péninsule armoricaine, sans se connaître
entr'eux, saints défricheurs ou pêcheurs, humbles

mais farouches ; tierns et chefs de plou, plus farouches encore. Tels ils ont vécu, 15 siècles durant, priant leur Dieu d'humble paix et de fière liberté, arrachant au sol ingrat, à la mer jalouse, leur maigre subsistance : s'ignorant les uns les autres. Des hordes d'ennemis, Normands ou Franks, à cent reprises fondent sur eux. Contre Franks et Normands, à peine s'unissent-ils ; et, l'ennemi écrasé, chaque Breton retourne à son *pénity*, à son repaire, et recommence d'ignorer le Breton voisin. Tels ils endurent, contre le Français et le Saxon, féroces contre l'un et l'autre à la fois, ou bien avec l'un contre l'autre. Leurs rois, comtes ou ducs, ou évêques, comme jadis leurs saints et leurs *tierns*, s'entre-froissent, grondent, s'entre-déchirent ; et la paix morne retombe, jusqu'à la première colère.

Mais leur colère est l'épouvante de l'Anglais et du Français, qui jamais ne les domptent, si divisés qu'ils soient. Mille fois anéanti, mille fois le Breton résurgit, invaincu. Comme si chaque Breton possédait en soi seul toute la divinité et toute l'âme du pays ; comme si, ne demeurât-il plus qu'un seul Breton sur terre, toute la Bretagne vécût en lui ! Aux temps d'apparente pacification française, de l'Union à la Révolution, le Français se croit maître. Trois siècles de pacification sont en Bretagne trois siècles de conspiration ; de Mercœur à Pontkalleg ; de Pontkalleg à la Rouërie et à Cadoudal. Et tandis que les Révolutionnaires bretons, spontanément, individuellement, sans s'organiser, sont les premiers de France, les plus exaltés à briser leurs chaines, à mourir pour la liberté, la Chouannerie est l'insurrection aux cent mille têtes, cent mille têtes de Bretons ; mille chefs de légions (chefs de *plou*), nobles, prêtres ou roturiers — dont pas deux ne s'entendent —, chacun seul contre tous, pour terrasser la tyrannie parisienne et jacobine. Bravo, Bretons ! Quel espoir pour demain, quand chaque homme devra, en son seul cœur, porter l'humanité entière !

Sonne l'heure cynique des gros sous. Les chemins de fer éventrent les *ménez* et les talus-bastions croulent dans les ravins. La Bretagne s'aplanit. Sur ses fleuves indomptés s'abattent le mors, le licou et la selle des ponts. Viviane-électricité enlace Titan-Merlin. Les Bas-Bretons des quatre « Pays » s'entre-voient, se rencontrent. Et la confusion éclate du choc de leurs quatre dialectes, de leurs huit sous-dialectes, de leurs seize ou trente-deux sous-sous-dialectes ! Chaque hameau, chaque famille, presque chaque breton a sa langue à soi. La confusion éclate du choc de leurs hardes étranges, de leurs mœurs bigarrées, et de leurs dieux hirsutes. Cent Bretons, catholiques et romains, s'agenouillent dans la même église romaine et catholique, et le même Christ pleure son sang sur cent idolâtres. Ils ne se connaissent pas ; ils ne se reconnaissent pas ; ils s'ignorent. Ils sont cent peuples, cent races.

Est-ce donc à jamais *chacun pour soi ?*

Pourtant, ils ne sont qu'un peuple et qu'une race, et vont se reconnaitre *uniques.* Le socialisme n'exige pas qu'ils se perdent en une amorphe multitude prolétarienne. Le socialisme, au contraire, consacre de la force toute puissante des peuples solidaires le droit imprescriptible à la vie et à la liberté que chaque individu, chaque nation et chaque race a reçu de la nature.

La Bretagne offre dans sa configuration géographique, géologique et climatérique des particularités (1) qui ne se rencontrent pas ailleurs, et les Bretons qui l'habitent y sont, de par leur propre nature, économiquement et psychologiquement adaptés. A eux donc, de par droit de nature, revient le droit humain d'exploiter leurs propres richesses. En Bretagne, le socialisme n'abolira pas la minuscules et les innombrables propriétés rurales, ou industries locales. Elles sont les cellules nécessaires à l'éclosion, à la défense, à la croissance des fortes individualités morales dont a besoin l'humanité. Mais le socialisme enseigne aux Bretons que, désormais, ils cessent de s'ignorer les uns les autres — et le monde entier ; que le temps est venu où les cellules innombrables et minuscules doivent s'agréger en une carapace, en une armure capable de résister aux assauts du Capi-

---

(1) Voir : 1° champs, usines et ateliers, par P. Kropotkine (traduit par F. Leray), pages 177, 266, 267, 438 : *Bretagne* ; 2° « La Basse-Bretagne » par C. Vallaux (note à la fin de la brochure).

talisme. Les prolétaires bretons, journaliers, petits patrons, petits fermiers, doivent s'associer en
syndicats où leurs faibles apports particuliers se
multiplient et se renforcent l'un par l'autre. *D'a-
bord, et pour être, faire masse.* Chaque homme ne
peut conquérir pour soi la liberté et la paix, ne
peut vivre humainement sa vie, que s'il prend
conscience du groupe humain particulier, ethnique, économique, où la nature l'a placé. Le socialisme convie les prolétaires bretons à prendre
conscience d'eux-mêmes en tant que peuple et
que *nation*; à réaliser l'unité ethnique et économique; à réaliser l'unité de langue que récèle la
diversité de leur histoire et celle de leurs dialectes.

Ainsi seulement accompliront-ils leur destinée
d'hommes libres. Leur vie misérable n'est plus à
la merci du plus proche petit seigneur breton le-
quel, du reste, dit-on, labourait parfois la terre,
près de son paysan, l'épée au côté; mais elle demeure à la merci de seigneurs mille fois plus féroces encore. Lointains et invisibles, ni Bretons,
ni Français, ni Anglais, ni même Allemands, les
grands financiers accaparent à leur profit toutes
les conquêtes de la science et de la peine humai-
nes. Sans égard pour personne, pour aucune
terre, aucun droit, ils accaparent, asservissent,
pressurent. Contre ceux-ci, dont ils sentent chaque jour dans leurs flancs et sur leurs fronts les
serres venimeuses, les prolétaires bretons, frater-

nisant avec les opprimés du monde, fraternisant entr'eux-mêmes, retrouveront, illuminé enfin de vérité, le chemin de cette patrie bienheureuse que cherchèrent sur les océans ténébreux les saints héroïques de leurs légendes, et que peut-être leurs pères croyaient déjà fouler aux pieds, à l'ombre lourde des étendards d'hermine.

VII

Héroïsme

Inadaptés jusqu'ici à la vie bourgeoise, les Bretons ne semblent pas devoir s'y adapter jamais. Le bourgeois *breton*, libre-penseur ou clérical, latinisé, francisé dans les « grandes Ecoles » du Gouvernement ou des Bons-Pères, est, à le bien considérer, et du point de vue de sa race, un des spécimens les plus curieux du genre quadrumane. Il affecte d'ignorer (souvent il ignore en effet), et toujours il méprise la race, l'histoire et la langue bretonnes.

Le vrai peuple breton est un peuple de prolétaires, de paysans et de marins. Ses grandes écoles sont ces écoles d'immensité qui de tous temps ont éduqué tous les vrais hommes et les plus purs artistes : la nature, la souffrance, la pauvreté. Il ne sait pas écrire ni lire sa propre langue : il l'a portée depuis les origines fabuleuses dans le tabernacle de son cœur. Chansons de douleur et de joie, gwerses et sônes, sourires et sanglots des multitudes ensevelies, comme les feuillées des bois d'Arcoat et comme les flots des rivages d'Armor, voilà les ailes de lumière qui, seules, ont sauvé des ténèbres de la mort définitive l'âme de ceux dont nous somme les fils, l'âme des Bretons. Prolétaires bretons, apprenez et chantez nos vieilles chansons bretonnes ; elles sont notre vraie Bible, notre Art, notre Poésie et notre Histoire, et c'est par elles que parle notre messie.

Les vieux saints jadis tentèrent d'évangéliser ce peuple pour le ciel ; mais il était de la terre. Et nul depuis n'a songé à l'aimer pour lui et pour l'amour de la terre. Peut-être n'a-t-il jamais encore eu soi-même claire conscience qu'il était une race, une nation, un peuple distinct. Mais l'humus du passé fermente et l'avenir y germe dans le mystère.

Empoisonnant les sources sacrées du pays, en vain depuis trois siècles Saint-Ignace s'évertue à faire bêler des lions. Il ne parvient qu'à les faire braire. Quant au « Pouvoir Central » de France, le législateur — (Monarchie-Louis XIII, ou Répu-

blique-Fallières), — a toujours ignoré un peuple
qui s'ignore à demi soi-même. Ce faisant, il a
témoigné par devant tous les peuples de sa barbare et brutale stupidité conquérante. Systéma-
tiquement il poursuit la tâche la plus infâme :
l'anéantissement d'une race. La République peint
en tricolore le bonnet d'âne du St-Père, avant de
s'en coiffer, et la même férule ciselée de trian-
gles ou de croix, brise impitoyablement toutes
les énergies bretonnes. Des tempêtes de palabres
secondaires et *primaires* ravagent notre sol. *Où*
les mandibules académiques et jésuitiques ont
claqué, il ne demeure rien que des *déracinés*, des
déclassés et des *énervés*.

Le socialisme sera, en Bretagne, l'éveil, la
conscience de notre peuple, — ou bien le socialisme avortera en Bretagne. Bretons, nous sommes
un peuple d'insurgés, fils authentiques des pil-
leurs d'épaves, de brûleurs de manoirs, de réfrac-
taires ; d'indomptables Ianniks ou Jojebs des
chaumières sans nombre des Quatre Pays.
« Guerre aux châteaux !! » Laboureurs, fermiers,
matelots, pêcheurs, artisans de tous métiers,
ouvriers de toutes carrières, soyons ensemble
contre les grands seigneurs financiers. Soyons
ensemble de ferme à ferme, de village à village ;
soyons ensemble tous, des quatre Pays d'abord,
avec les Gallos ensuite, avec tous les prolétaires
des autres pays de France et du monde. Soyons
ensemble comme jamais nos pères ne le furent.

Ils s'ignoraient parce que jadis les hameaux étaient loin des hameaux, la pensée muette et sans aile. Mais aujourd'hui la même pensée est en même temps présente à tous les cœurs et parle toutes les langues du monde : « Travailleurs de tous les pays unissez-vous ! » qu'elle parle donc aussi notre langue bretonne ! Faites la paix entre vos chaumières ; reconnaissez vos intérêts communs ; assemblez-vous en syndicats, fédérez vos syndicats. Et fondez librement vos libres écoles syndicalistes et fédératives.

Ce sont elles, *vos écoles à vous*, qui délivreront enfin votre génie que tant de siècles de misère et de défaites tiennent encore accroupi, enchaîné et gémissant. Vos maîtres d'école y élèveront vos enfants dans l'amour de la liberté et de la vie. Ils leur enseigneront le breton d'abord, et le français ; l'anglais, et une langue internationale (espéranto) mais surtout qu'ils bannissent à jamais loin d'eux la culture franco-latine, livresque, savante, mensongère et niaise. Qu'elle fasse place à l'athlétisme du corps et de l'esprit, à l'antique culture réaliste et héroïque des Celtes, celle des faits et des actes ; celle des champs, des ateliers, des marchés, de la mer ; celle des quotidiennes batailles contre tous les démons de la nature et de l'homme.

Notre terre de Bretagne est la terre natale des héros. L'histoire, féroce pour nous, n'a pas enregistré tous leurs noms. Il en est trop dont nulle mémoire n'a gardé le souvenir : ils sont cependant l'eau et le feu de nos existences spirituelles et matérielles. Pas un canton de Bretagne, pas un clan (ou *lan*, *plou*, *loc*, *ker*) qui n'ait son héros, son saint, son sage, son barde. Chaque école syndicaliste ou fédérative aura son héros le plus proche, en la vénération duquel l'enfant, adorable faune, héros naturel, grandira pour les combats et les victoires futures.

. Pour un seul quart de siècle, et pour ce seul coin du « Pays de Vannes » que de héros déjà ! Entre cent autres, ces trois noms, magnifiques en leurs gloires diverses : le fils du cultivateur de Kerléano, Cadoudal ; le petit tailleur pontivyen Leperdit, — et notre très humble, très noble et très grand lorientais Brizeux ! — Car celui-là est un héros, d'où qu'il vienne, en quelque nom qu'il parle, et bien plus s'il ne vient que de lui-même et ne parle qu'en son nom, celui-là est un héros qui, rencontrant une laideur sur sa route (iniquité, mensonge, lâcheté, ignorance ou erreur) s'élève contre elle de toutes les forces de sa vie, au risque de sa vie même ; et celui-là est un héros qui crée de la beauté.

Que par le socialisme donc le jeune breton soit un héros, un *homme sincère*, fidèle à sa race, *ur guir Breton*, c'est-à-dire *un Dén*, un HOMME — la chose la plus formidable et la plus mystérieuse, la plus divine qu'ait portée la terre.

VIII

Le Barde

Le barde, le poète, l'Homme de qui nous attendons *tout* en Bretagne, celui que la Bretagne entière — trois millions d'âmes aujourd'hui (car quinze cent mille Gallos acclameront sa venue qu'obstinément prédisent quinze cent mille Bas-Bretons), — celui que la Bretagne entière depuis quinze siècles appelle de toutes ses souffrances, c'est le Socialisme qui le lui donnera. Le Socialisme nous donnera cet homme ou la Bretagne est à jamais perdue ; perdue pour soi-même, et pour la grande humanité de demain, à qui l'âme chevaleresque des Bretons est plus nécessaire encore qu'elle fut jamais à la vieille humanité qui disparaît.

Le Socialisme nous donnera cet homme, car seul le Socialisme ne peut pas mentir à cet homme, ne peut pas mentir à la pauvre et sublime contrée où il sera né. Car tous jusqu'ici ont menti : qu'ils fussent papes de Rome, monarques d'Angleterre ou de France, empire ou République de Paris. Tous ont menti à la Bretagne, aux bardes qui l'ont chantée et par la voix même des Bardes qui l'ont chantée. Et c'est pourquoi, Bretagne dans le chœur immense des peuples, en dépit de tes héros, de tes poètes, de tes penseurs sans nombre, de Pélage ou de Gildas, à Renan ou à Hello, ta voix, ta voix humaine et divine, n'est pas entendue.

Tous ils t'ont menti et tu n'as jamais été toi-même. Ils t'ont voulue saxonne ou française et tu ne l'étais pas. Ils te veulent romaine et tu ne l'es pas. Ils t'ont voulue ascète et tu ne l'as jamais été. Ils te veulent toujours monarchiste et jésuite, ou niveleuse et maçonne, et tu n'es rien de tout cela ; tu ne l'as jamais été, et tu ne le seras jamais.

Seul le Socialisme te veut telle que tu es et que tu fus sans cesse : une des plus ardentes, des plus fécondes, des plus belles filles du soleil et des tempêtes. Seul le Socialisme ne te mentira pas ; il te dira : « Bretagne, sois toi-même ; Bretagne sois bretonne ; parle ta langue, sois libre enfin ! Voici ton Barde de demain dont la voix va répondre aux voix des bardes d'avant Christ ».

Chrétienne, certes tu l'es ! mais chrétienne comme ces pécheresses et ces gueux de Galilée qui suivaient le Barde Divin, vengeur des prolé-taires du Bas-Empire. Chrétienne tu l'es, comme Christ lui-même, l'espérance des déshérités. Car il était « la Vie » ; car il disait : « Soyez joyeux ! — Paix sur la terre ! — Aimez-vous les uns les autres. — Malheur à vous, scribes et pharisiens hypocrites qui dévorez les maisons des veuves ! »

Car il priait son Père justicier *en esprit et en vérité,* que sa volonté fût faite *sur la terre.*

Mais des chrétiens comme Christ, ô chrétienne Bretagne, prêtres et centurions d'aujourd'hui comme d'alors, les persécutent et les emprisonnent et les crucifient. Et les mauvais bergers, pour leurs abattoirs, soûlent les plus beaux de tes fils de leur fumée de gloire, et ils gardent les plus pures de tes filles pour leurs lupanars. Et ton peuple est bien le frère de misère des autres peuples de la terre. Sublime bête de somme, quand donc jetteras-tu à bas de ta sanglante échine ton fardeau séculaire ?

Ton peuple, Bretagne est plus misérable encore que la plupart des autres peuples du monde. Car, si captifs qu'ils aient pu être, du moins ils purent, nombre d'entr'eux, gémir et maudire et prier en leur langue. En leur langue ils ont crié leur désespérance et leur foi. Mais toi, même tes sanglots ont été étouffés, et tes fils et tes filles ont appris à rougir de leurs pères et de leurs mères, à renier la langue de leur berceau...

Mais le Barde viendra qui parlera la langue de tes petits enfants, et qui la fera retentir dans le monde. Renversant la babel bretonne, maître de tous nos dialectes anciens, moyens et modernes; maître aussi des dialectes frères, le gallois et le gaëlique, sa voix animera les pierres et les ciments de leurs ruines, et d'elles-mêmes monteront vers le soleil sur la terre de granit les murailles de la vraie cité des Bretons. Il sera le printemps de ce grand million d'âmes qui jamais encore ne se sont ouvertes ; car les glaces des hivers et les ongles des étrangers les ont contraintes, meurtries, brisées, pourries. Et elles ont été jetées aux vents, jonchées de dégénérés, d'ivrognes, de prostituées et de déments que les nations ont dit être les fruits de la Bretagne.

Le Barde parlera aux petites paysannes de nos quatre Pays, et aux tout petits gâs bretons ; le soir, à la veillée, assis sur les bancs clos. Et l'étincelle sacrée de la Révolution que tant de fois les anciens ont vu frissonner aux cendres fumantes de leurs légendes, étincèlera dans leurs beaux yeux. Et le feu justicier, qui, depuis les temps premiers, jour à jour, consume le cœur de l'homme éclatera dans leurs cœurs.

Car si le Socialisme est vraiment la religion de la vie et de la personne humaine ; s'il est la *volonté de Justice*, seul il délivrera et purifiera de toutes les chaînes et de toutes les souillures du passé ton cœur, Bretagne, toi qui penses avec ton cœur ; — afin qu'enfin librement parle tou cœur ; afin que ta grande âme celtique librement s'épanouisse, et que la grande Cité fraternelle de demain soit glorifiée de l'or de tes ajoncs et de la pourpre de tes bruyères !..

En hani e skriù è hanù en ha livr bremen digor, O Breih !

Er skriù en ur livr ne cherrou mui biskoah !

IX

Unité Nationale
et Ligue Bretonne

Biùèt Breih !

En dehors et au-dessus de tous les partis, en Bretagne, une action commune à tous les partis est possible, et elle est immédiatement nécessaire : réaliser l'union de tous les Bretons, paysans, ouvriers, intellectuels ; catholiques et libres-penseurs, des plus pauvres aux plus riches ; réactionnaires et révolutionnaires, pour la défense de tous les intérêts bretons, moraux ou matériels, et particulièrement de la Langue Bretonne.

Cette œuvre considérable, dont l'initiative ne peut naître que des efforts combinés de tous, mais dont la pensée inspiratrice est déjà familière à bien des esprits des plus autorisés, s'accomplira tôt ou tard. Il semble que, jusqu'à présent, l'idée en soit demeurée étrangère, sinon hostile, aux socialistes bretons, sans l'aide de qui elle est irréalisable.

En effet, le prolétariat breton, exploité comme celui des autres régions françaises ou européennes, par le Capitalisme, est organisé en parti de la lutte de classes. Entrer dans une union du genre de celle que l'on préconise, serait, en quelque sorte, trahir sa propre cause, puisqu'il lui faudrait, au moins, en cette circonstance, accepter de pactiser avec des éléments bourgeois. Or, les prolétaires bretons n'ont qu'un intérêt commun, c'est celui du prolétariat inter-régional, international ; et ils ne peuvent reconnaître qu'une seule union nécessaire, celle des prolétaires du monde entier.

Cette attitude ne laisse pas d'être logique.

Néanmoins, la vie n'est à la merci d'aucune formule abstraite. En fait, elle nous contraint tous les jours, capitalistes ou prolétaires, à collaborer avec nos pires adversaires ; et elle réalise partout à chaque instant, si mal que ce soit, une partie de l'idéal le plus élevé que porte en soit le Socialisme : la Fraternité.

La lutte de classes, l'union internationale des Travailleurs, ne sont même, à les bien considérer, que des aspects momentanés de l'amour humain tendant à s'affranchir des obstacles de l'égoïsme des castes, et la vraie fin du socialisme est d'apporter à ces aspirations obscures le renfort immense de la conscience et de la volonté.

S'il en est ainsi, la tâche des socialistes conscients n'est pas purement destructive. Il va de soi qu'ils s'enrolent et s'arment pour écraser les puissances de haine et de mort de la Société bourgeoise : contre la Haute Banque, contre les gros capitalistes français (ou bretons) ou cosmopolites, ils ne peuvent rien, réduits à leurs seules forces ; unis aux prolétaires des autres contrées, ils sont sûrs de la victoire.

Mais parallèlement, à eux s'impose l'œuvre d'édification de la Société future. Or la plupart des organismes de la Société actuelle ne sont que des conquêtes que l'homme a faites sur la nature et la barbarie, du fruit desquelles la plupart des vainqueurs ont été spoliés.

Entre les mains des spoliateurs ces organismes sont des instruments de domination. Notre tâche, à nous socialistes, n'est pas d'y porter le feu pour les réduire en cendres, mais de les restituer à ' us les conquérants et d'en faire les outils de r cre liberté.

La Patrie est un de ces organismes. Nous haïssons les patries actuelles parce qu'elles sont esclaves. Notre volonté n'est pas de les détruire, notre volonté la plus ardente est de les affranchir, de les restituer à tous les enfants des hommes qui les ont conquises. Elles sont et doivent être le patrimoine des individus libres dans la commune libre, cellule fondamentale de la Société de demain.

La tâche constructive des socialistes bretons est claire, et tout à portée de la main. La Bretagne est à eux, la Bretagne est aux Bretons, de par le labeur et le sang versé des générations dont ils sont les fils. Au lendemain de la Révolution sociale, quand, du sein du chaos sanglant où fatalement s'effondreront les fausses patries, fondées sur l'exploitation de l'homme par l'homme ; quand surgiront les vrais patries, fondées sur l'entr'aide universelle, la patrie bretonne, la Bretagne dressera-t-elle parmi ses sœurs régénérées son front libre et couronné de chêne, ou bien son nom sera-t-il à jamais aboli ?... C'est aux socialistes bretons de répondre ; ils sont en Bretagne les soldats de la justice.

Or, dès aujourd'hui, ils peuvent, en toute certitude, préparer son triomphe. Dès aujourd'hui ils peuvent, pour demain, s'assurer que ces mers qui ceignent la Bretagne d'une ceinture d'émeraude et de lumière ; que ces montagnes, ces vallons, ces forêts, ces fleuves, broderies étincelantes sur sa robe d'ajoncs et d'épis, seront leur patrimoine et celui de tous les Bretons. A cette fin, Unifiés, Syndicalistes, Libertaires, pénétrez résolument dans toutes les associations déjà existantes en Bretagne, fussent-elles d'origine bourgeoise, et conquérez-les de toute votre ardeur révolutionnaire. Ouvriers agricoles, artisans rustiques, salariés de l'industrie, petits employés urbains, bureaucrates, groupez-vous en ligues d'acheteurs, de consommateurs, de producteurs ; fondez entre vous des coopératives, syndicats, mutualités de toutes sortes, multipliez les cellules primitives qui insensiblement libèrent l'individu des mille contraintes qui l'assiègent, l'asservissent et le tuent dans son isolement. De commune à commune, de canton à canton, fédérez ces groupements épars, et que la Bretagne entière ne soit enfin qu'une immense Confédération de toutes les puissances économiques et morales qu'elle enveloppe.

Au sein de vos groupements s'éveillera vite la conscience d'une individualité supérieure. De toutes parts viennent vers vous dans leurs *Unions*, *Fédérations*, *Gorsedds*, ces ouvriers de la pensée dont vos pas conquérants raffermiront les aspirations idéales encore timides. Poètes, grammairiens, savants de tous ordres, apprennent ou réapprennent l'histoire de votre passé, purifient et unifient vos dialectes. Vous parlerez, vous reparlez votre langue, et sur vos fronts rassemblés planera bientôt cette âme antique et glorieuse dont vous êtes les émanations.

Vous saurez alors que vous êtes un peuple grand, qui porte en soi une grande pensée. Seuls les Forts méritent la vie, individus ou peuples. Soyez un peuple fort : faites la Bretagne riche et puissante ; rendez-la forte de l'imbrisable faisceau de vos énergies, et sa victoire, votre victoire, demain glorifiera la Révolution sociale. Ainsi ont fait depuis cinquante ans tant de peuple que vous valez : Tchèques de Bohème et Magyars, Hongrois, Roumains et Grecs, Norvégiens, Portugais. Ainsi font aujourd'hui Polonais, Finlandais, Catalans, et vos propres frères de race, les Celtes d'Irlande.

" En avant, mon peuple, en avant, au combat
pour la liberté qui en toi s'était épanouie !
En avant, mon peuple, toujours en avant ! " (1)

----

(1) Jan Neruda, poète tchèque (1834-1891).

APPENDICE

APPENDICE

A

*Recommandons instamment à nos lecteurs l'œuvre magis-
trale de M. Camille Vallaux, professeur de géographie à
l'Ecole Navale, Docteur ès-lettres : « La Basse-Bretagne »
Etude de Géographie humaine (6 planches hors texte,
quelques figures en texte). — Edouard Cornély, 101, rue
de Vaugirard, et ses nombreuses monographies bas-bre-
tonnes. « La Basse-Bretagne » publié en 1907, au prix
assez élevé de 7 fr. 50, en est cependant déjà à sa seconde
édition. Ce livre illustre de toute sa forte documentation
économique les articles ci-dessus ; et leur donne, en quelque
sorte, une base scientifique.*

*Une seule remarque : M. C. Vallaux n'est pas breton.
D'où deux conséquences assez graves :*

*1) il méconnait la mission historique et sociale de la langue
bretonne.*

*2) il voit, sans aucune intuition d'histoire ou de géogra-
phie humaine, la ferme, l'intérieur bretons. Il en juge, chose
curieuse chez un observateur aussi clairvoyant d'ordinaire,
d'après quelques spécimens, peut-être hélas ! trop nombreux
du reste, — à la façon d'un touriste banal. Il prête aussi
l'appui de son autorité aux palabres pittoresques de tant de
beaux esprits, de romanciers géniaux. — (frais émoulus
sans doute des Salons du Faubourg, et qui exploitent à
leur façon la matière de Bretagne) — sur la promiscuité
animale et humaine, sur la saleté où sont censés vivre tous
nos paysans.*

*Cependant il règne un art séculaire, un grand art rusti-
que dans l'intérieur breton tel quel, dans son aménagement
même, comme dans sa simplicité primitive, héroïque, rude,
si saine et si hospitalière. Gloire au Barde qui le révélera,
qui du limon fera, au feu de son génie, jaillir le pur
cristal !*

E. G.

B

Ci-après, deux articles parus dans les Temps Nouveaux (Juin et Juillet 1912), dont la teneur se rencontre si heureusement avec le principe de nos propres idées, que nous avons demandé à l'auteur l'autorisation de les reproduire ici dans leur intégrité. Il va sans dire que l'auteur garde toute responsabilité concernant sa documentation, que nous n'avons pas contrôlée, mais qui nous paraît généralement exacte. (1)

I

La propagande en Basse-Bretagne

D'après les derniers recensements, il y a un million cent mille Bas-Bretons bretonnants : hommes, femmes, enfants.

L'énorme majorité de ceux-ci ne lisent rien, ni en breton, ni en français : 1o ils n'ont pas le temps ; 2o la lecture leur est un effort supplémentaire : instruits en breton au catéchisme ou en français à l'école, ils possèdent trop mal l'une ou l'autre langue pour que la lecture ne leur soit pas une tâche.

Mais si neuf cent mille Bas-Bretons bretonnants ne lisent rien, restent deux cent mille bretonnants (hommes, femmes, enfants) qui lisent. Cinquante mille d'entre eux ne lisent guère qu'en français. Les cent cinquante mille autres ne lisent guère qu'en breton.

Que lisent ces « intellectuels » ? Les « français » lisent *Le Petit Journal, Le Petit Parisien*, etc... Les « bretons » lisent une douzaine de feuilles bretonnes (que je pourrais citer, en outre des *Croix* bretonnes en breton !) et d'innombrables brochures pieuses, en outre des livres de messe, catéchismes, vie des saints, etc.

---

(1) Peut-être y a-t-il un peu moins de journaux *bretons* que n'en signale M. Brenn, mais en revanche le nombre réel de grammaires *bretonnes* et de grammairiens *bretons* dépasse de beaucoup celui donné ici.

(E. G.)

Les camarades croient-ils devoir mépriser cette minorité d'intellectuels bretonnants ? Que penseraient-ils de gens qui mépriseraient la minorité d'anarchistes de cette société bénie ?

S'ils la méprisent, voici des faits qui prouveront que d'autres ne la méprisent point :

Il existe au moins quatre sociétés bretonnes dont l'unique but est de propager la langue bretonne : Comité de préservation ; Gorsedd des bardes ; Union régionaliste ; Fédération régionaliste, etc. Ces sociétés ont des congrès, concours, journaux, brochures, etc., etc.

Dans au moins douze villes bretonnes, il existe des cours de breton (je ne compte pas les cours de la Faculté de Rennes) aux mains cléricales.

Les camarades pensent-ils que tous ces braves gens travaillent pour eux, pour les temps nouveaux ?

Un abbé des Côtes-du-Nord a vu en quatre ans s'épuiser la première édition de sa grammaire bretonne (1.000 exemplaires). Un autre abbé du Morbihan corrige les épreuves de la seconde édition de la sienne. Leurs livres d'exercices se vendent bien.

Les camarades croient-ils que c'est pour eux que ces abbés travaillent ?

Autres faits, concernant la propagande orale : il y a cinquante troupes de théâtre populaire bretonnantes (qui, évidemment, jouent des scènes de propagande libertaire), dont quelques-unes de premier ordre (celle de l'abbé L. B., par exemple, à Sainte-Anne-d'Auray.

Il ne se passe guère de jour que je ne trouve un paysan ou une paysanne (ou un ouvrier de ville, ou quelque pauvre diable de fonctionnaire) dont les yeux luisent, à l'idée que je vais lui prêter quelque chose d'écrit en breton.

J'ai dit aux camarades que je ne pouvais prêter que « *Histoer en Intron Varia a Lourd* » (Histoire de Notre-Dame de Lourdes), de mon apôtre...

Que conclure ? Qu'il y a là un peuple d'un million d'âmes qui n'attend que la bonne parole des camarades pour être à eux, car il n'y a pas de peuple de tempérament plus libertaire que le breton. *Mais la bonne parole est pour lui la parole bretonne.* Les camarades lui donneront-ils tort ?

Voici mon conseil : Parlez à ce peuple sa langue et il est à vous. Ne la lui parlez pas, et... vous ferez comme le gouvernement. Le gouvernement lutte contre le breton et, résultat net :

en ce début du vingtième siècle, il y a dix mille bretons bretonnants de plus qu'au début du dix-neuvième siècle (statistique rapportée par *Le Pays Breton*, de Lorient).

Appartient-il, d'autre part, aux libertaires de juger que les Bretons ont tort de vouloir parler leur langue ?

BRENN.

II

La langue internationale
et les langues nationales

I

Il semble qu'il y ait conflit, dans l'esprit de plusieurs camarades, entre les destinées d'une langue internationale (ido, espéranto), et celles des langues nationales. Celles-ci leur sont comme autant de frontières-prisons, œuvres de la société capitaliste, que les travailleurs doivent abattre, pour édifier la libre cité internationale où la même langue sera parlée par tous.

Si nombreux et si puissants sont les arguments en faveur d'une langue internationale qu'il serait puéril de songer à les combattre, au cas où on aurait quelque velléité de le faire. Il va de soi qu'*il faut* une langue internationale ; qu'*il faut* par tous les moyens possibles la répandre ; qu'elle constitue, au même titre que le pain pour vivre, le besoin le plus immédiat du prolétariat international.

En doit-on conclure la guerre aux langues nationales ? Songer à détruire les langues nationales pour l'amour d'une langue internationale serait, à mon avis, aussi absurde que de combattre l'idée d'une langue internationale pour l'amour des langues nationales.

Voyons les faits : à qui s'adresse ou plutôt doit s'adresser la propagande libertaire ? — Peut-être les camarades l'oublient-ils trop souvent, d'où, en partie, la désespérante lenteur, sinon la vanité de leur propagande. Elle devrait viser *d'abord* la classe paysanne. On a trop dit que c'est avec l'armée qu'on fait la révolution. Une révolution *politique*, oui. Mais la révolution que nous voulons est plus profonde : elle doit être *morale et économique*. Or l'armée même n'est faite que de paysans. C'est le paysan, non le soldat, et c'est surtout la paysanne, à qui nous devrions penser d'abord. Car le travailleur de la terre est le producteur suprême. Il constitue partout l'immense majorité prolétarienne et son unique éducation, c'est de la paysanne qu'il la reçoit. Ce sont les paysannes qui feront triompher nos idées ; c'est donc à elles qu'il faut nous adresser.

Est-ce en *espéranto* ou en *ido* que nous le ferons ?... ce serait supposer le problème résolu !!! Il faudrait d'abord qu'elles le sachent ou qu'elles aient le temps de l'apprendre ? Force nous est, hélas ! de nous servir de la langue qu'elles comprennent ; c'est-à-dire de leur langue maternelle.

Dans la plupart des cas, ces langues maternelles sont des langues *nationales*, enseignées dans les écoles (reconnues par l'État). Il est ainsi relativement facile aux libertaires d'atteindre leur but. Néanmoins qu'ils prennent garde à ce *fait important :* *la langue maternelle n'est pas toujours identique à la langue officielle.* Très nombreux sont patois, dialectes locaux, etc... non enseignés dans les écoles. Il n'échappe à aucun libertaire conscient que la langue d'un monsieur *de Barrès* (Maurice), par exemple, ou même celle de Jean Grave, n'est pas absolument celle que comprennent les *rustres* de Provence ou de Bretagne.

Considérons les faits en Bretagne. Il y a ici *un million* au moins de Bretons qui parlent une langue non enseignée dans les écoles (non reconnue par l'État). Ce n'est pas un patois ; c'est une véritable langue, qui a son histoire, sa grammaire, sa littérature. Quelle sera l'attitude d'un libertaire en face de ce fait ?

Ignorera-t-il l'existence de cette langue ? ou bien, s'il sait qu'elle existe, travaillera-t-il à la détruire ? — qu'il fasse l'un ou l'autre, les résultats sont connus d'avance : l'ignorance des libertaires, ni l'adoption par eux, vis-à-vis de la langue bretonne, des méthodes d'extirpation séculairement employées par les gouvernements divers, — en admettant que ces méthodes fussent dignes de libertaires, — rien n'empêche les Bretons de parler leur langue. Et la propagande libertaire *française* ne touche pas un million de prolétaires qui *ne veulent pas* prêter l'oreille à quiconque (sauf à leurs prêtres) ne parle pas leur langue à eux.

Conclusion ! la propagande libertaire, où qu'elle se fasse, doit adopter le dialecte du pays, *ne fut-ce que dans le but unique de propager l'idée, l'adoption d'une langue internationale.*

II

Une crainte s'élève dans l'esprit de plus d'un camarade : adopter pour la propagande libertaire, orale ou écrite, patois et dialectes locaux, n'est-ce pas jouer avec le feu, risquer de rebâtir la Babel humaine, de rendre une vigueur nouvelle à ces sources infinies de méconnaissance mutuelle que furent toujours les parlers divers, en un mot d'arriver à un but précisément inverse de celui auquel on prétend aller ?

Crainte chimérique, d'autant plus que l'usage des dialectes locaux peut n'être considéré par les libertaires que comme *l'unique moyen à leur portée de convertir à leur idée maitresse de l'adoption d'une langue internationale, l'immense prolétariat des campagnes.*

Mais il y a mieux à dire. En admettant qu'ils dussent, en travaillant au moyen des dialectes locaux à l'adoption d'une langue internationale, donner un regain de vie aux divers dialectes, où serait le mal ?

Encore une fois qu'on n'oublie pas que, si les langues nationales *officielles, académiques,* sont bien, elles, des créations factices et politiques, en quelque sorte, des vainqueurs, il en est tout autrement des *vraies langues populaires* que sont patois, dialectes, idiomes *(langues vaincues* non reconnues par l'Etat). Ce sont ici des créations spontanées, organes naturels de millions et de millions d'individus sur qui pèse lourdement depuis toujours la Loi Capitaliste. Ce n'est qu'à leur corps défendant que les paysans de tous les pays se servent de la langue officielle de leur « patrie » ; et ils sympathisent du premier coup avec quiconque parle ou écrit dans leur propre *langue vaincue.* En servant accidentellement et pour les besoins de la propagande, les dialectes locaux, les libertaires augmentent du même coup et de façon incalculable, leurs chances de pénétration parmi les paysans, car ils flatteront en même temps ainsi chez eux leurs plus intimes et leurs plus anciens instincts révolutionnaires.

Il reste à dire, et les libertaires ne sauraient nier la valeur de ce dernier argument, qu'une langue *maternelle* témoigne de la vitalité d'un peuple. Si le style c'est l'homme, une langue c'est un peuple. La langue d'un peuple est l'image de sa libre individualité, l'œuvre spontanée de son génie. Elle est son génie même qui s'extériorise et s'incarne dans les *chansons*, les poèmes populaires, comme s'incarne en une cathédrale le génie des foules croyantes. S'il en est ainsi, loin de s'acharner à briser cette vivante sculpture enfantée par les siècles dans la douleur et dans la joie, que les libertaires s'efforcent de l'embellir encore et de la perfectionner ? qu'ils fassent porter de nouveaux fruits à leurs langues maternelles, — jusqu'à ce qu'à son tour, par leurs labeurs incessants, la langue internationale, devenue la langue maternelle de tous les hommes, porte à son tour pour tous les hommes ses fruits miraculeux.

D'ailleurs, serait-il malaisé de démontrer, l'histoire en mains, qu'aux deux grandes époques révolutionnaires les plus récentes de l'Europe, le XVIe et le XIXe siècle, la vitalité des peuples des campagnes luttant pour leur émancipation a partout coïncidé avec une recrudescence extraordinaire de tous les parlers populaires ! Les réactions politiques, aristocratiques ou bourgeoises, ont partout, et par deux fois, refoulé au fond du cœur des *Jacques* ces poussées de vie et de liberté. Mais convient-il à nous, libertaires, de servir, ne fut-ce qu'en cela, une tâche d'oppresseurs ?

Pour ma part, je l'avoue, *léonais* authentique, fils de *cornouaillais*, et petit-fils de *trécorrois*, qui négligèrent de m'enseigner la langue de leurs villages, je me suis revanché en apprenant le *vannetais*. Et voilà : je possède désormais une clé magique, qui m'ouvre tous les foyers bretons, et les plus bigottes de nos vieilles ou jeunes paysannes se surprennent à tendre une oreille *sympathique* à ce méphistophélès *bretonnant*.

BRENN.

DESACIDIFIE
à SABLE   1994

www.ingramcontent.com/pod-product-compliance
Lightning Source LLC
Chambersburg PA
CBHW051150050726

47594CB00003B/1332